EXQUIS SALMIGONDIS

Livres précédents :

Dans le vent (VII 2017) BoD

Ecrits en amont (VIII 2017) BoD

Jeux de mots (VIII 2017) BoD

Etoile de la Passion (VIII 2017) BoD

As de cœur (XI 2017) BoD

Pensées éparses et parsemées (XI 2017) BoD

Le Sablier d'Or (XI 2017) BoD

Rêveries ou Vérités (I 2018) BoD

Couleurs de l'Infini (II 2018) BoD

Lydia Montigny

EXQUIS SALMIGONDIS

… ou les Mots en Méli-Mélo…

©2018, Lydia Montigny

Éditeur : BoD-Books on Demand, 12/14 rond-point des Champs Élysées, 75008 Paris, France
Impression : BoD-Books on Demand, Norderstedt, Allemagne
ISBN : 978-2-3221-2304-9

Dépôt légal : Mai 2018

PLAGIAT ou PARODIE ?

Copier, coller,
Recto, verso,
Tout est faux
Et le vrai
Tourne le dos...
Le plagiat n'est pas « beau » !

On s'émeut
Pour si peu,
On s'en veut
D'un trop peu,
On dit « encore » aux aveux
C'est la règle du jeu
Puis on y met le feu
Enjeu du désaveu !

Le toc se cache
Comme un tic postiche,
La copie s'entiche
D'un plagiat sans tache...
Vous volez son âme !
Que le ciel vous damne !
Mais ne volez pas l'artiste,
Seul, unique... Universaliste !

NATURE…

Elle semblait si perdue
Sur une page inconnue
Qu'elle se peignit de nu
Et on ne la revit plus…

@... ROBASE

A l'aube du virtuel
Sur ton ordinateur,
Le plus grand des hackers
Répare tes erreurs.
La touche du « réel »
Fusionne les fichiers
Azerty est codé,
Les secrets sont gardés
Dans les clefs USB.
Les données du système
Dans ce grand logiciel
Sous Windows ou Ciel
Se défragmentent eux-mêmes.
Un bug à l'interface ?
C'est juste une arabesque,
Génie de data-base,
Mini et gigantesque,
Ce glyphe universel
C'est ton @... arobase…

TU DORS…

Tu dors sur les nuages
Rêvant de ces eaux suaves
Coulant sur ton visage…
Quel doux mirage,
Vaporeux papillonnage,
Ruisselle vers la plage
De ce tendre présage ?
Tu sculptes un message
Dans l'aérien sillage
Laissé dans le paysage
Aux pâles fleurs sauvages
Là, derrière cette page…

Par-dessus les couleurs, les langues, les lettres, les chiffres,
par-dessus tout ce qui fait la vie d'un Homme,

il existe une disposition du cœur et de l'âme...

Il n'est pas faible d'accepter que chacun puisse penser différemment, bien au contraire...

C'est là une humble richesse, et elle s'appelle

        La Tolérance...

GITANE

Petite fille du soleil
Pétale de rose au cœur de miel
Elle va pieds nus sur ce chemin
Droit vers l'étoile de son destin…

Petite gitane aux cheveux noirs
Dans tes yeux brillent tous les espoirs
Elle connaît tous les chants d'oiseaux
Et dans son rêve, il faut si beau…

Elle est un torrent déchainé,
Un ouragan, un ciel d'été,
Un feu de bois qui fait danser
Dans mille lumières ses petits pieds…

C'est un printemps sur un solfège
Un hiver bleu dessus la neige,
C'est une nuit toute étoilée
Un jour de vent en ciel voilé

…/…

.../...

Petite fille du soleil
Quand tu souries dans ton sommeil
C'est à l'ange gardien de ta vie.

Petite gitane aux yeux de braise
Il n'y a que l'amour qui apaise
La panthère qui dort ici...

ABSURDITE

Le clown rit
Les enfants pleurent,
Le clown prie
La foule rit,
Le clown meurt…
On applaudit……………………. Merci…

……………..**O**…………..

Dessine un **O** bien rond :
O rigine de tOut,
Infini précision,...
Et pourtant rien du tOut....

Il rOule et s'arrOndit,
Essentiel à la vie,
Un fascinant sOleil
Une pure merveille...

La perfection est là,
Juste, inégalée,
La nature a tracé
Un cercle dans l'au-delà

Personne ne sait comment
Le prendre sans le briser
Et d'Or, l'iriser...
Trace deux O bien ronds
Et en les reliant
L'infini en aura raisOn...

On ne regarde

dans un miroir

que pour y voir

la V

DANS LES MOTS

Dans les mots
Tu mets des couleurs
Des bulles de douceur
Le blues de douleurs
Et des bleus au cœur

Sur les lignes
Tu traces le bonheur
Et je vais en toute candeur
Sous ton sourire charmeur
Sur la saveur du bonheur

Sur les pages
Du passé antérieur
Du futur intérieur
Tu poses les mots rêveurs
Aux mille et une senteurs
Des sentiments fugueurs
Sauvages petites fleurs
Comme de divines lueurs
Que je lis avec le cœur...

L'enfant pointe son doigt pour montrer et se rapprocher,

L'adulte pour juger et éloigner,

L'artiste pour apprivoiser, et prolonger son âme jusque-là…

O… rigine…

De haut en bas
De gauche à droite
… La distance n'existe pas…

En long, en large, en diagonale
En hauteur, en circonférence,
… Je suis là, sans distance…

En chiffre ou en lettre, écris-moi
Je suis le point au bout du doigt
… La distance est un pas de trop…
Le centre, le milieu, je suis le point **O**…

Il y a des mots
Qui ouvrent des portes, c'est certain,
D'autres qui ouvrent les mains,
Et puis ceux qui, sans fin,
Battent dans ton cœur, divins…
Il y a des mots
Pour tout, pour rien,
… Invente le mien…

Il suffit de dire… « SABLE »
… pour imaginer le désert,

Et de dire « DESERT » pour penser à
… « personne »

Ici, le psychanalyste demandera :
_ « QUI ? »…

Alors que le sage méditera sur

        … « PERSONNE »…

... ECRIS...

Pose devant toi
Une feuille bien à plat.
Non ! Pas de travers...
Et surtout pas à l'envers !

Laisse errer tes pensées
Et flâner tes idées,
Tel un papillon oisif
Voletant dans le printemps naïf ;
Elles semblent s'égarer parfois
Mais reviennent plus grandes à chaque fois...

Tu peux fermer les yeux
Les mots n'ont pas besoin d'eux,
Et poser ton menton dans ta main :
L'imaginaire n'est pas demain...

Alors quand tu seras prêt
Tu pourras commencer
Sur cette page à écrire
Sans jamais t'interdire
Aucun mot, aucun désir...
La liberté aime séduire

.../...

.../...

Pose devant toi
Une vie avec émoi,
Mais la vie de cette page
L'écriras-tu comme un sage ?
Au plaisir
De te lire...

La tempête rugit
Dans la nuit étourdie
Tu aimes sa pluie
Tambourinante furie,
Cinglante cosmogonie,
Même à ce vent, à cette vie
Traversant dans un cri
Envoutant, tu souris…
Les éclairs biffent
Le ciel sombre et massif
De leurs traits agressifs
Et rapides comme une gifle…
Tu admires le récif
Immobile qui se rebiffe
Comme un géant de granit…
Serais-tu cette météorite
Venue d'un monde illicite
Ou l'ouragan, sauvage pépite ?
La sagesse n'a de suite
Que si l'amour n'a de limite…

APPRENDRE

Apprendre… Poser des couleurs et surprendre
Inventer des formes à répandre,
Apprendre encore, et comprendre
Savoir tout ignorer sauf la tendre
Sagesse d'une phrase sans méandre,
Aimer la vie sans s'en défendre,
Tout en attendre, tout comprendre,

Apprendre… c'est donner ou prendre ?...

Je fais souvent ce rêve étrange....

A... ou... **B**... ?

Les dernières lueurs
Du soleil s'estompent...
Le rose et le gris se fondent,...
Aquarelle du bonheur
.... "Fais de jolis rêves"...

Mollement étalé
Comme un chat fatigué,
Laisse-toi dériver
A des songes merveilleux....
...."Fais de très beaux rêves"...
Blotti sur l'oreiller
Tu fermes alors les yeux,
Et tu te laisses flotter
Comme en apesanteur...

A présent, choisissez **A** ou **B** selon la fin que vous préférez !...

.../...

.../...

A
Mais quel est cet effroi
T'éveillant dans la peur ?...
Tu as cauchemardé :
Ce rêve... c'était moi !...

B
Quand le matin viendra
Dans ses premières lueurs,
Tu diras ..."j'ai rêvé"...
Et le soleil est là...

Un livre, juste un livre...
Une page, une seule page...
Un mot, un mot de toi et le temps rit,
Les pages s'envolent,
Les livres prennent vie... Raconte-moi encore......

Sur le grand tableau noir
De l'école du passé
Je conjugue l'espoir
Au plus que parfait.

J'additionne les jours
Du bonheur au carré
Et refais la dictée
De l'Ecume des jours.

L'histoire et la géo
Ne sont pas révisées ?
Qu'importe la météo,
Je préfère y aller !

Je compte sur mes doigts
Et cet anneau de bois…
Déjà du grand tableau
Disparaissent les mots
Dès que la cloche sonne…
Sonne… sonne… résonne…

MEDITATION

Si l'attente est un silence imposé,
Un geste immobilisé,
Et qu'on est tenté de briser,
Alors la patience
Saura dans le silence, nous guider...

J'AI MARCHE

Je m'étais levée tôt.
La pluie coulait à flot
Dans le sombre de la nuit,
Le vent faisait grand bruit
Dans les volets mal calés...
L'air humide me glaçait...

J'ai enfilé un djean
Délavé bleu marine,
Un tee shirt trop grand
Bienveillant et charmant,
Et ce blouson trop lourd
Couleur des mauvais jours...

Dans mes poches j'ai caché
Mes espoirs apeurés,
Des soleils passionnés,
Des rêves dessinés
A force de volonté...
Et puis j'ai marché...

J'ai marché jusqu'au lever du jour
Jusqu'au bout de toujours
J'ai marché sans détour
Sans m'arrêter, vers ton amour...

LA CURIOSITE ?

C'est l'Art de chercher

le secret de l'inconnu....

... mais une fois satisfaite,

que faire du secret ??

PAPILLON

… Un petit papillon vagabond, trublion,

s'élance et volette,

se lance à la volette

en faisant des bonds et rebonds

d'un bouton floribond

à une fleur rose-bonbon…

J'ai enfermé dans une poésie
Un pont de pierre sur une rivière
Une lune dans un jardin d'hiver
Un arbre vert tendre et ses amandes
La bruyère mauve de cette lande...
Le souffle chaud de ce grand vent
Une hirondelle au printemps
Les meules jaunes du soleil
Les gouttes d'or des abeilles
Les vagues rondes de l'océan
Ton absence, la Vie, mon sang...
J'ai enfermé dans une cage
Mon cœur sauvage, si sage...
Ouvre la porte, évade-moi
La poésie s'envole vers toi...

Ce n'est pas le manque d'idées

qui désole la plume de l'écrivain,

mais la blancheur ce cette page

qu'elle ne peut combler...

Regarder…

C'est déjà ne plus attendre puisque les yeux captent l'image…

Mais il faut aussi Voir, donc comprendre…

... EVIDENCE...

Il y a une évidence
A ce que le soleil
Soit dans le ciel......
Pourtant, je l'ai vu dormir sur un lac...

Y-a-t-il une chance
Pour qu'"un plus un" ne fasse plus "deux"
Juste pour que nous soyons heureux ?
L'addition est paradisiaque...

Il y a une évidence
A croire qu'être soi-même et le vivre
C'est rester sauvage et libre...
L'instinct est toujours vrai...

Serait-ce une évidence
De croire en ce schème
En cette aura ou cette gemme ?
La vérité dans ton cœur est évidence...

Le monde idéal

serait celui où

il n'y aurait jamais besoin

de prononcer le mot

« NON »...

Un jour…

Quel jour ?... Où est-il ?

Il reste là, attendant que l'on comprenne, voulant nous dire que tout est incertain… Hier est-il bien au passé ? Demain sera du futur, puis brièvement du présent et aussitôt du passé…

A quel temps « vivons-nous » ?
Quel temps faut-il employer pour parler du temps ?

ETRE OU NE PAS ETRE ?...

Il n'est de vide concevable
Que la nature trouve acceptable…
D'un « Rien » aussi insignifiant
Elle fait un « Tout » en le magnifiant…
Et si le monde mutait demain ?
On se dirait « Tout et Rien »
Le non-sens de l' « être humain »…
Est-ce là « être humain » ?...
Ou ne pas « être »… quelle fin !...
Comme un vide dans la nature…
Je ne crois pas en Tous, mais en un cœur pur…

La Sagesse

n'a pas d'âge...

et la jeunesse

n'est pas sage !...

... ET ALORS ?...

Question :

... et si, tout à coup, les mots, les phrases, n'avaient plus aucun sens ???

Réponse :

... Alors, je serais l'humble plume qui vole, légère, brisant délicatement le silence...
...et tu seras le son mélodieux que font les lettres et les symboles en se liant les uns aux autres...

Voilà l'infime subtilité du double-sens, une néosémie incroyablement vivante...

ETERNITE

… L'Eternité… juste une image posée plus loin dans l'espace et le temps…

Qu'il est doux de goûter cette minuscule éternité là, maintenant, quelque soit l'heure ou le lieu…

…pourvue qu'elle dure éternellement…

A COMPLETER…

Animal sauvage en pleine jungle : ………

Forme de ton paysage préféré : ………

Un parfum : ………

Mots que tu aimes entendre : ………

Couleur de cette devinette : ………

Moment que tu détestes le plus : ……..

L'instant idéal : ………

Tatouage que tu dessinerais : ……….

Forme géométrique du monde : ………

Ta question : ……….

Je pense
Tu imagines
Il médite
Nous estimons
Vous supposez
Ils existent...

... et HOP ! HOP !

Pour commencer, petites foulées
Pour échauffer les petits mollets !
Inspire deux fois et souffle trois,...
Hop et Hop, il faut grimper là !

Tu vas monter sans t'arrêter
Du bout des pieds, ça va aller !
Eh ! Respire avant d'exploser !
Une, deux, une... tu vas y arriver !

Sur le plat, on peut s'étirer
Houla Hop, se contorsionner...
Et inspire comme une apnéiste,
Fais une roue et l'équilibriste

Pour un sprint, tu poses au départ
Prête à bondir, tel un guépard !
Ne ris pas, tu vas t'étaler,
Le top départ n'était pas donné !

.../...

…/…

Et tu repars en pas chassés
Droite puis gauche, et sautiller,
Souffle fort, c'est ça le sport !
Quel bonheur dans ces efforts !

Dîtes, vous, qui êtes assis là
A lire tout ça sans bouger,
Hop et Hop, petites foulées,
Palmes, vélo, fonte ou ballon,
De l'énergie et une deux trois !
Il y a des champions en chaussons ??

Le silence

a la chance d'être entendu

par un sourd…

Alors

le sage se tait…

Ne plus avancer
Ne pas revenir sur ses pas
Là est le fragile équilibre
Où il faut tant de force pour ne pas chuter
Tant de volonté pour croire encore...
Qu'il n'y a rien d'impossible
Que l'on tout peut comprendre
Apprendre et espérer
Là est le fragile équilibre... libre

LE CRAYON

J'aime imaginer un instant
Devenir un simple crayon
En mine grise et en bois blond...
Indispensable en ton temps

J'aime écrire sur les pages
Les premiers mots des enfants sages
Puis esquisser des paysages
De jolies lettres et des jambages

J'aime dessiner les chiffres
Et les structures algébriques
Quant aux formes géométriques
Ce sont de doux hiéroglyphes

J'aime l'instant où tu gribouilles
Tes morceaux d'âme entremêlés
Quand le téléphone te barbouille
De tant de phrases et de pensées

.../...

…/…

Dans l'inquiétude tu me serres
Un oubli dans les mots croisés
Là tu me mords dans ta colère
Aïe ! L'ai-je vraiment mérité ?

Petit crayon pour un instant
J'aime dessiner ton sourire
Et tu me gardes entre tes dents
… Tu réfléchis à… quoi écrire !…

JOKER !

Silence sur l'oubli
Et l'écho de l'ennui…
Il n'existe plus rien
Qu'une Carte au destin…

PAIX...

Dérange les démons
Qui volent la raison
Des enfants de la vie...
Jouant sous la pluie.
Barbouille de douceur
Le visage de la terreur
Et peins de lumière
Leur cœur de prière.
Trouble de tes mots purs
Les armes et les armures,
Grave couleur de Paix
Ce monde convoité ;
Il oubliera le mot guerre,
Nos enfants seront fiers
Et les seuls éclairs
Seront ceux du tonnerre...

Ce n'est pas forcément le

« trop plein »

qui nous comble et sature notre vie,

Mais plutôt le

« trop vide »

qui nous anéantit …

... LILAS...

- "Ho la la !
Qui est là ? "

- "C'est moi !"

- "Que lis-tu là ?

- "Ce livre-là : "Lilas" !
Et toi ? Tu l'as lu ?"

- "Déjà lu !... Il m'a plu,
Mais n'en lis plus...

- "Par dépit ?"

- "Non dépité,
Je l'eu fait,
De-ci de-là,
Mais j'en fais fi !
Je suis comme l'eau
Comme l'air,
A présent je ne lis plus :
Je suis libre... J'écris !...

Je ne veux pas croire que derrière cet écran

la vie est Meilleure ou Pire...

Elle est comme on l'écrit du bout des doigts,

du bout de ses rêves,

et avec tout son cœur...

Ca je veux le croire...

LES VOLETS

Ouvrez les volets dans le matin
En éclaboussant la rosée
De vos rêves inachevés
Envolés jusqu'à demain

Fermez les volets dans le soir
Comme pour retenir l'espoir
Et le garder douillettement
Serré contre votre cœur tremblant

Entrouvrez les volets mystérieux
D'un monde aux couleurs éphémères,
Les amours solaires et stellaires
Les traverseront sages et précieux...

Le soleil est là
Dans l'immense bleu
Telle une bulle aux mille éclats
Resplendissante dans son silencieux
Voyage... Et je ferme les yeux......
Sa chaleur douce sur mon corps
Fait naître des rêves de feu
Immobiles sur le sable d'or...

La Noblesse de

l'Amitié

n'est pas

dans la Hauteur des gestes

mais

dans la profondeur

du Cœur...

Elle est ronde
Silencieuse
Au-dessus du monde
La lune est lumineuse

Elle est ronde
Minut-ieuse
Au centre du monde
L'heure est précieuse

Elle est ronde
Merveilleuse
Au centre du monde
La ronde voyageuse...

HOMME

Chaque Homme pense et croit
En ses pas sur le chemin
Sans connaître sa fin,
L'espoir dans le cœur
La prière dans les mains
Les yeux pour lire la vie
Les pieds pour devenir racines.
Chaque Homme ignore demain
Couleur chagrin ou bien soleil,
Innocent enfant qui s'émerveille,
Minuscule univers, il oublie
Que l'Amour est son origine…

... MATINE...

Dans la douce mâtine
Le soleil satine
Les couleurs légères...
Dérivant dans l'air
Et tu marches pieds nus
Calme et résolu
Sur le chemin fragile
De cette douce idylle...

LE VISAGE DU MONDE

Sur le visage du monde
Je pose cette couleur :
Céladon et saphir se fondent
Dilués dans la pâleur des heures

Dans les yeux grands ouverts
Qui transpercent l'Univers
De demain et d'hier
Tu lis dans l'air et la mer

De cette bouche qui mord
Sourit, lit, et dit encore
Il y a ce son, cette note d'or
Pour faire vivre mon corps

Sur le corps de ce monde
Il y a ces mots dans l'onde
Cet espoir renaissant
Dans ton rêve, dans ton sang...

Ce qui est fait, est fait

Ce qui est défait, est défait

Et si c'était à refaire ?

DEWDROPS

Drops of dew are shining
Sparkling of the flowers
Drops of dew are twinkling
Winking in the sun
Dewdrops in the dawnlight
Dewdrops in the sunlight
Now morning has begun...

Des gouttes de rosée brillent
Faisant pétiller les fleurs
Des gouttes de rosée scintillent
Faisant des clins d'œil au soleil
Des gouttes de rosée au clair de lune
Des gouttes de rosée dans la lueur de l'aube
Des gouttes de rosée dans la lumière du soleil
Maintenant le matin a commencé...

Au fil des mots
Je tisse le jour
Dans un ciel si beau
Qu'on ne voit que l'amour…

Quel est ce silence ?

Le néant dans l'aberrance
La patience
La tolérance
La confidence
La puissance
La résistance
La défiance
L'impertinence
L'incompétence
La méfiance
La violence
L'indifférence
L'absence
La transparence
La conscience
L'intelligence
L'élégance
La confiance
L'existence…
… Je pense….

Il est facile d'écraser
La fragilité
La sensibilité
D'un seul coup, d'un seul pas, sous son pied
Mais il est impossible d'effacer
L'empreinte légère déposée
Sur la Terre où tu es né...

Si je suis lasse de tous ces maux,
De toutes ces guerres,
Des regards jetés trop fiers
Des feux, du fer, de l'eau
Des immondes ignorances
De ces incohérences…
Si je suis lasse de tout ce temps
Violant, volant, violent
Explosant le présent
Dans le désert des serments…

Mais je ne suis pas lasse de t'aimer…

Pour être Soi,

Il faut faire abstraction de

Tout

… Voire de…

soi…

FI !

Au-delà du mépris
Du dégout de la vie
Il y a ce Tout
Invisible pour vous,
Qui est ce Rien
Inconditionnel à votre destin...
Mon regard est ailleurs
Vers un monde meilleur
Mais je ne comprends pas
Ce qui vous aveugle là.
Au-delà de l'instant
Qui noircit tout ce blanc
Je ne relirai pas
Ce que vous ne verrez pas...

Il y a des passions
A vivre tellement fort,
A raison ou à tort,
Sans réponse, sans question,
Que sans elles, l'existence
N'aurait pas de sens...

LE HIBOU

Un hibou dans la nuit
Attend sans bruit.
Ses yeux comme des billes d'or
Epient le mouvement
D'une proie, calmement.
Il semble méditer
Sous le ciel étoilé
Et son amie la lune
Lui caresse les plumes.
Un hibou dans la nuit
S'envole sans bruit
EN déployant un doux
Hou… hou…

TO DO LIST

J'ai fait la liste de TOUS mes rêves !….

… pourquoi la Vie est-elle si brève ?...

LES PONTS

Les mots construisent des ponts
Des ponts longs, des ponts ronds,
Des ponts de mots heureux,
Lumineux, amoureux,
Pour qu'ici rejoigne là-bas,
Pour que tu ne m'oublies pas,
Pour que le temps passe par là
Discrètement, à petits pas...
Les mots construisent des ponts,
Partitions de violons,
Des ponts joyeux en fleurs
Enrubannés de bonheur,
Des ponts de lettres douces
Tendres comme la mousse,
Des mots écrits par l'impossible
Et la force d'une âme sensible...

Il n'y avait Rien

Que cette plaie secrète

Dans ma mémoire

JE FERME LES YEUX

Je ferme les yeux...
J'écoute le bleu
Du ciel radieux,
Le rire des enfants
Courant après le vent,
Les mots qui résonnent
Comme les cloches qui sonnent...

Je ferme les yeux
Pour ignorer l'absence
La folie, la démence,
Rugissant dans le temps,
Et les saisons sans voix,
Pour croire encore une fois
Me lover dans tes bras
... Je ferme les yeux....
J'entends ton cœur heureux...

IL EST !

Un livre, une page,
Un numéro, une ligne,
Un livre est un message,
Une histoire que l'on signe...

Un livre s'écrit avec le sang,
En rouge, en noir et blanc,
Avec le sel de ses larmes,
Et le charme innocent
D'un regard si troublant...

Un livre n'est féminin
Que dans la légèreté,
L'érotisme effleuré,
Désinvolte, et dévoré !
Mais il n'est masculin
Qu'en sujets bien musclés,
La rime masculine
Jamais ne le décline !

Ni ambigène, ni arc en ciel
Le livre n'a de pareil...
Simplement : « il est »...

… Parfois, on commence un livre en ayant hâte d'arriver à sa fin…

Quant au livre de la Vie, il y a des chapitres que l'on aime relire, d'autres que l'on élide… Toutes les pages ne sont pas identiques, quelques-unes plus longues à lire et à comprendre que d'autres, plus difficiles à tourner…

… mais personne… n'est pressé d'arriver à l'épilogue et de refermer le Livre…